UWE REIM DEIN ZIMMER AUF

GEDICHTE AUS DEM NICHTS

BAND 1

Bibliografische Information der Deutschen Nationalbibliothek:
Die Deutsche Nationalbibliothek verzeichnet diese Publikation
in der Deutschen Nationalbibliografie; detaillierte bibliografische
Daten sind im Internet über dnb.dnb.de abrufbar.

Herstellung und Verlag:
BoD – Books on Demand, Norderstedt
ISBN: 978-3-7504-9281-3

Rollerbiographie und künstlerische Tippelbahn

Seit dem 28.03.1955 verbrachte ich meine Kindheit damit, meinen Eltern die Nerven zu rauben (heute nennt man das wohl ADS).

1962: erstes Zeugnis, Eintrag: „Durch sein motorisches Wesen trug er viel zur Belebung des Unterrichts bei." Sehr gut erkannt, liebe Frau Kuhrten. Diese, meine liebste Lehrerin, besetzte die Hauptrolle in dem Schultheaterstück „Till Eulenspiegel" dann auch sogleich mit mir. Erster Satz: „Hoppla, hier bin ich, wo ich bin da wird's lustig oder traurig, je nach dem!" Peng! Lebensbegleitender Satz!

1969: Nach zweijährigem Gitarrenunterricht erkannt, dass dieser mir nichts bringt. Gitarre umgedreht, drauf geklopft und auf Schlagzeug umgesattelt, durch sechswöchigen Ferienjob finanziert.
Schülerband „Faithcontrol" gegründet.

1971: In Ermangelung guter Noten in der Schule und auf Geheiß meiner Eltern Band verlassen und Schlagzeug verkauft.
Bittere Erfahrung! 46 jährige Schlagzeugpause!

1972: Abgang 11. Klasse, erlernen eines anständigen Berufes: Groß-und Außenhandelskaufmann.

Bis zur Rente 2018 durchgehalten!

Während dieser Zeit meine wunderbare Frau kennengelernt, geheiratet, zwei Mädchen bekommen, dann kamen zwei Schwiegersöhne und sieben Enkelkinder – alle toll. Doch stets den künstlerischen Träumen treu geblieben!

- schon zu meiner Lehrzeit fertigte ich in „Leerzeiten" meine ersten Zeichnungen an
- spielte für den „Guten Zweck" an der Schule unserer Kinder 10 Jahre aktiv in einer Kabarettgruppe mit
- dichtete Gedichte ohne Dichtung aber dafür zuhauf
- spielte sofort ab Eintritt in den Ruhestand wieder Schlagzeug und...

- gründete die Krautrock- & Blues-Band „**Mad Murphy`s Thirsty Dogs**"

PROLOG

Verdichtet

Mitten in der Galaxie, da sitzt ein schwarzes Loch
Darin steckt – so sieht es aus – nichts weder noch
Doch was kommt heraus
Ein Gedicht
es jagt das andere
mit fahlem Gesicht
hinaus geschrien in großen Lettern
dahinter hört man einen Dichter wütend wettern
Donner, Blitz und Rauch
hin und wieder Porree oder Lauch
vernimmt man aus des Loches Tiefen
in Klartext ohne Hyroglyphen
seichter wird es nie
lauter aber doch

Michael Schuster

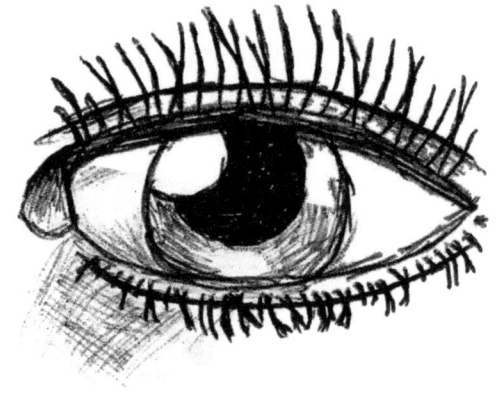

DAS

A U G E

DES BETRACHTERS

IST MEISTENS DAS DES SCHLACHTERS

EIN KREUZWORT WIRD GESPROCHEN
ZUM SONNTAG WIE MAN WEISS
DIE DEUTSCHE SPRACHE BRÖCKELT
AUS POMMES WIRD KEIN REIS

ZWEI KREUZE LIEBEN PLANLOS
EIN FRIEDHOF WIRD SANIERT
WAS SOLLST DU SONST AUCH MACHEN
WENN WEITER NICHTS PASSIERT

EIN DOLCH ERSTICHT DEN ROLLSCHUH
EIN STIEFEL LÄUFT IM WALD
EIN KOMMA WIRD BEERDIGT
KEIN WIND MACHT VOR UNS HALT

GESABBERTES ERHÄNGT SICH
IN BREMEN SEUFZT EIN TRAUM
IM KELLER SCHNARCHT EIN SCHUPPEN
BIER HÄNGT IM APFELBAUM

DIE BLUME KREIST IM ZIRKUS
DAS RADIO WIRD KALT
DIE BIENE RIECHT NACH BEIFALL
ICH GLAUB' ICH KOMME BALD

DIE STRICKJACKE FÄLLT VORWÄRTS
ZWEI SCHUBLADEN SIND HEISS
DIE ZIGARETTE KLINGELT
WAS SOLL DER GANZE SCHEISS

ZWEI KATZEN SPIELEN POKER
EIN BEIN VERGISST DIE NACHT
DIE TISCHDECKE KRÄCHZT LIEDER
EIN PFERD KOMMT AN DIE MACHT

EIN VORPROGRAMM SPRICHT LEISE
IM MARZIPAN LIEGT SCHNEE
DIE BOHNE SAGT ZUR ERBSE
MIR TUN DIE FÜSSE WEH

DIE HALSSCHLAGADER KRÜMMT SICH
EIN GLAS STEHT VOLL IM SAFT
DIE ERBSENSUPPE SCHLÄFT NICHT
UND PORREE STROTZT VOR KRAFT

EIN LOCH IM HEMD SCHLUCKT ROTKOHL
ICH TRET' DIR GLEICH IN'N BAUCH
HERAUS KOMMT ROTE BEETE
UND AB UND ZU AUCH LAUCH

DARK RIDER

EIN DATUM STEHT VORM SPIEGEL
ZERRISSENES ZIEHT UM
VIER FLECKEN GEHEN HEIMWÄRTS
MENSCH SIND WIR ALLE DUMM

DER MOND FÄLLT IN DIE NORDSEE
EIN EIGELB BLEIBT ALLEIN
DER FUSSBALLSTAR ROTZT ÄRGER
VERLIERT DABEI SEIN BEIN

EIN EHERING VERNEIGT SICH
EIN TREUESCHWUR DER LÜGT
ZUSAMMENSEIN SCHEINT EINSAM
AUCH SEX ZUSAMMENFÜGT

DIE MELDUNGEN STEH'N AUFRECHT
DER OFFIZIER DER WEINT
IM FEINKOSTLADEN RUMPELT'S
NICHTS IST SO WIE ES SCHEINT

IM SPIELFILM HÄNGT EIN GRAUBROT
IM KELLER EINE FRAU
GEMORDET WIRD NUR DRÖHNTAGS
UND ZWAR 'NE DUMME SAU

WARUM FÄLLT ABENDS SCHIEFER
UND MITTAGS NUR DER SCHNEE
VIELLEICHT WAR NIE DER HERD AUS
UND LIEGEN BLEIBT DER KLEE

EIN FALTBOOT FLIEGT VORÜBER
DER SCHMETTERLING FRISST MOST
ZWEI LESERATTEN BEISSEN
UND WIND KOMMT OFT VON OST

WARUM ROLL'N SÄFTE RÜCKWÄRTS
UND SPUCKEN HINTERHER
IM OFEN WIRD ES KÄLTER
ICH WILL ZURÜCK ANS MEER

DIE GRAPEFRUIT SPEIST GARDINEN
IM HAUPTGANG STEHT EIN BÄR
EIN TURNSCHUH WILL NACH HAUSE
DOCH ER HAT KEIN GEWEHR

DER PUTZ FÄLLT AUS DER HOSE
DIE TODESSTRAFE SCHMECKT
EIN BUTTERKUCHEN HUSTET
DER STROM WIRD ABGELECKT.

ARTISTEN SCHWÄNGERN EULEN
EIN SCHLAGZEUG IMPLODIERT
DAS BLAUE AUGE MECKERT
TROMPETEN SIND BESCHMIERT

IM JUNI WIRD GESCHLACHTET
GEMORDET WIRD IM MAI
GETÖTET WURD NUR MITTWOCHS
WAS IST DENN SCHON DABEI

EIN RUMPSTEAK ROTZT NACH SÜDEN
EIN TIER HÄNGT AUS DER WAND
POKALE SPIELEN RADBALL
DER BASS HAT VIEL VERSTAND

DAS „I" VERSTECKT EIN KOMMA
DER TOD WICHST IN DEN SCHNEE
DER FRAUENARZT SCHLUCKT HAARE
DAS TUT IHM GAR NICHT WEH

DIE LINKE HAND STÖHNT ÄTZEND
DER BEIFALL STÜRZT IM TOR
EIN BLINDDARM WIRD VERSIEGELT
EIN KRIEG STEHT KURZ BEVOR

EIN PFERDEHALFTER FIEBERT
EIN MUSTANG TANZT BALLET
DIE WURZEL SIEHT SEHR GEIL AUS
PIET WILL MIT IHR INS BETT

EIN KLUMPFUSS RAUSCHT VORÜBER
DER SPATZ STEHT AUF UM ACHT
DAS BLATT PAPIER VERSCHLUCKT SICH
DER STEIN FLIEHT IN DIE NACHT

DAS FEUERZEUG RAUCHT PFEIFE
EIN WÜRFEL ROLLT INS BETT
DER AAL BRICHT SICH DIE KNOCHEN
EIN EI FÄLLT IN DAS METT

GERUPFTE HÜHNER STRIPPEN
DAS LÄCHELN BLEIBT IM ARM
BEWOHNTE HÄUSER SEUFZEN
DIE BUTTERMILCH WIRD WARM

GERODELT WIRD IM SOMMER
GESTOSSEN WIRD UM ACHT
DIE TAGESSCHAU BLEIBT TROCKEN
DER TAG IST NUN VOLLBRACHT

DIE LEBER SCHMECKT NACH HALSTUCH
EIN MÖBELHAUS TRITT AUS
LATERNENPFÄHLE HUSTEN
UND ICH GEH NUN NACH HAUS

DIE GLÜHBIRNEN FAHR'N SKILIFT
GEBROCH'NE HÜTTEN STEH'N
EIN BLEISTIFT FÄHRT VORÜBER
EIN ROCK KANN NICHT MEHR GEH'N

EIN TIERSCHÜTZER TRINKT KÄSE
ELF KATER WOLLEN HOCH
ZWEI SCHRÄNKE GEHEN HEIMWÄRTS
DIE WÜSTE HAT EIN LOCH

BEKANNTHEITSGRADE SCHWIMMEN
EIN HOLZKLOTZ PISST INS BETT
ZWEI PAPPKARTONS SIND TRAURIG
EIN GLATTEIS FRISST SICH FETT

EIN BLINDER HUND SCHMEISST ESSIG
DER HANDBALL WIRD VERBAUT
DREI FLÖTEN RAUBEN BEINE
UND ICH, ICH BIN VERSAUT

DER SCHRIFTZUG FÄHRT NACH ESSEN
EIN CLOWN SITZT GERN' IM KLO
DER BRAUNKOHL WIRD VERGESSEN
DAS STIMMT UNS GAR NICHT FROH

EIN BLATT PAPIER GEHT SEGELN
DER KEUCHHUSTEN LÄUFT STURM
DER PUDDING FÄLLT IN SCHEIBEN
DIE NIERE HAUT DEN WURM

EIN BREMER RÜHREI SCHMATZT LAUT
VOM HIMMEL FÄLLT EIN TISCH
DIE SONNE KIPPT VORNÜBER
DAS BABY SCHMECKT NOCH FRISCH

GEÖFFNETES VERSTECKT SICH
DREI MESSER STEH'N IM SAND
DIE WÜSTE IST GESCHLOSSEN
DIE HIRNHAUT IST VERBRANNT

DER MÜLL HAT KEINEN MÜLLER
DER FISCHER ISST KEIN'N FISCH
DER PO KENNT KEINE „LENTE"
UND „GE" GEHÖRT ZU „MISCH"

EIN OPEL DER BAUT HÄUSER
ZWEI VOLVOS GEH'N ZU FORD
DEN BORGWARD GIBT'S NIE WIEDER
AUCH NICHT FÜR EINEN LORD

EIN LICHTSCHALTER STEPPT WALZER
DIE KERZEN WOLL'N NACH HAUS
DAS WASSER TRINKT SICH SELBER
DAS SCHLACHTSCHIFF TRITT 'NE MAUS

DIE FINGER RAUCHEN ÄPFEL
EIN ESEL SCHREIT EIN „U"
VERGESSEN IST DAS MORGEN
BETON SCHNEIT HÄUSER ZU

GEDANKEN SPIELEN FUSSBALL
DIE HOSEN LIEBEN MEHL
DER WIND BETRÜGT DIE STEINE
VERSUCHE SCHLAGEN FEHL

VERGESSENES BESTRAFT SICH
DIE LÜGE SCHIESST EIN TOR
DER HAI TRÄGT SCHWARZE WINDELN
DAS ENDE STEHT BEVOR

DIE ZEITUNG LIEST SICH SELBER
DAS LÖSUNGSWORT HEISST TOD
DIE SCHILDKRÖTEN VERSAGEN
DAS AUGE SCHMILZT INS ROT

DAS BLAU VERSPEIST DAS BRAUNE
EIN HOLZBEIN EXPLODIERT
DAS AUTO ÜBERHOLT SICH
EIN STEIN WIRD INHALLIERT

DIE TREPPENSTUFEN STOLPERN
DER TEPPICH WIRD RASIERT
DER GELBE FÖHN SPUCKT KABA
DAS EIGELB WIRD KASTRIERT

RAKETEN TRETEN FLIEGEN
DIE ASCHE BRINGT SICH UM
EIN SCHMETTERLING VERNEIGT SICH
DIE BIRNEN BLEIBEN STUMM

ZIGARRENSTUMPEN SCHLEUDERN
DREI ROSEN SPIELEN SCHACH
DER TEUFEL DER VERNEIGT SICH
ZWEI GÖTTER BLEIBEN WACH

SECHS GLÄSER SAUFEN WODKA
DIE REINHEIT SPRICHT INS WEISS
DREI SCHWARZE SIND DIE WAHRHEIT
DIE WELT ZAHLT IHREN PREIS

ERINNERUNG IST ANWALT
DER ÜBERFALL FÄLLT UM
DIE TODESSTRAFE STOLPERT
GERECHTIGKEIT BLEIBT STUMM

DER ZUFALL WIRD VERGESSEN
EIN BABY SCHREIT IM SEIN
EIN DACH VERGISST DAS DENKEN
BLEIB LIEBER NICHT ALLEIN

DEM HUHN GELINGT EIN SALTO
VIER BÜRSTEN WERDEN FRECH
DIE BETTDECKE ERHEBT SICH
ZWEI FEDERN HABEN PECH

DER BILDERRAHMEN RÖCHELT
DIE POSTKARTE ZERBRICHT
EIN FEUERZEUG SPIELT FUSSBALL
EIN BUS MUSS VOR GERICHT

STORNIERT WIRD EINE BIRNE
EIN APFEL SPRINGT INS KLO
ORANGEN HÄUTEN FRAUEN
DAS MACHT KEIN' MANN SEHR FROH

EIN HOHLKREUZ STEHT IM WALDE
GEBETET WIRD IM PUFF
DER SCHWANZ SPRICHT HEUT' GESCHWOLLEN
DAS TUT ER OFT IM SUFF

HERR JESUS TANTE BERTHA
KARL AUGUST UND AUCH FRITZ
IHR HEISST AB HEUTE FRIEDA
UND DANN TRIFFT EUCH DER BLITZ

BEGRÜNDUNG IST OFT FEIGHEIT
UND TAPFER LIEGT DER SCHNEE
WENN DIESER DANN MAL GELB IST
DANN PISST DAREIN EIN REH

EIN FLIEGENSCHISS LÄUFT AMOK
EIN HUND GEHT AUF DEN STRICH
EIN ARSCH GEHT HEUT' AUF GRUNDEIS
MICH INTERESSIERT DAS NICH'

IM AUTO SPIELT EIN FENSTER
DIE TÜR SCHMOLLT VOR SICH HIN
DAS HOLZBEIN FLIEGT VORÜBER
DER BALL IST WIEDER DRINN'

DER TASCHENRECHNER HUSTET
ER KANN AB JETZT NICHTS SEH'N
ICH WOLLT' MIT IHM GERN TANZEN
NUN MUSS ICH WIEDER GEH'N

FÜNF KÜSSE KOSTEN KOTZE
SECHS KÜSSE KOSTEN SCHWEISS
DER PETER KÜSST MATHILDE
WOVON MARIE NICHTS WEISS

EIN WETTER PUTZT DIE NASE
ZWEI WETTER SPIELEN SEKT
„DREI WETTER TAFT" IST TEUER
VIER VETTERN HAT'S GESCHMECKT

EIN EISBEIN DROHT MIT ABSCHIED
DAS NASENBEIN BLEIBT RUHIG
EIN ÜBERBEIN WIRD TRAINER
DAS SCHAMBEIM BRICHT NUN DURCH

VIER NÄCHTE FAHR'N ZUR NORDSEE
VIER TAGE KOMMEN UM
NUN BLEIBT ES IMMER DUNKEL
UM DORUM DRUMMHERUM

EIN GOLFBALL STEHT IM REGEN
ER FINDET HEUT' KEIN LOCH
DER FUSSBALL LACHT DARÜBER
DOCH ER BEREUT DAS NOCH

IM GARTEN LÄUFT EIN TURNSCHUH
ALLEINE ÜBER'S GRAS
EIN TANZSCHUH IST VERÄRGERT
DENN ER IST HEUT' SEHR NASS

ZUM KOKA IN NEVADA
KOMMT HERO IN ASPIK
SIE LALLEN NUR NOCH NOCH SCHEISSE
UND FINDEN'S AUCH NOCH SCHICK

EIN KREUZ WAR EINMAL EISERN
DAS WAR MISS THATCHER AUCH
ICH HABE LIEBER HACKFLEISCH
ALS NÄGEL IN MEIN'M BAUCH

EIN ASPIRIN SCHLÄFT HEUTE
MIT KOPFSCHMERZEN IM BETT
ICH SCHNAPP' MIR DAFÜR HILDE
DAS WIRD BESTIMMT GANZ NETT

EIN ELEFANT HAT AKNE
DER SPATZ HAT EIN GESCHWÜR
UND TANTE JO HAT BRUSTKREBS
WAS KANN EIN ARZT DAFÜR

EIN FEUER ZEUGT DEN TABAK
DIE ZIGARETTE BELLT
UND RAMBO ZEUGT VIER HELDEN
WIE BITTE ZEUGT MAN GELD

GEHÄNSELT WIRD DIE GRETEL
DAS WITTCHEN LIEGT IM SCHNEE
STATT MUSIKANTEN SPIELT NUN
DIE GUTE ALTE FEE

EIN REH FINANZIERT AUTOS
UND DU FINANZIERST MICH
DAS IST DER EW'GE KREISLAUF
DOCH MICH MICH STÖRT DAS NICHT

DER BILLARDTISCH FRISST KUGELN
UND KANNIBALEN DICH
DER ARSCH FRISST OFT DIE HOSE
UND DOCH VERSCHONT MAN MICH

VERLEGER SIND VERLEGEN
BETREUER SIND OFT TREU
VERMESSER SIND VERMESSEN
ACH, MENSCH WIE ICH MICH FREU'

ICH LECKTE MANCHE MARKE
AUCH ZUNGEN WAR EIN ZIEL
DOCH LECK' ICH KEINEN HINTERN
DAS IST MIR ECHT ZUVIEL

DAS APFELMUS SCHMECKT LECKER
AUCH PFLAUMENMUS SCHMECKT FEIN
AM BESTEN SCHMECKT ORGASMUS
EGAL DAS DING MUSS REIN

DER PETER HAUT DEN LUKAS
DEM TUT DAS GAR NICHT WEH
DOCH HAUT ER SEINE ELKE
FÄLLT SIE GLEICH IN DEN SCHNEE

DREI EBER KAUFEN SCHWARZBROT
DIE WILDSAU LIEGT IM TEICH
DER BÄCKER FLIEGT NACH PASSAU
DER WIENER WALD WIRD WEICH

DIE SCHLANGE STIRBT IM DREIRAD
DIE WURZELN BLINZELN FRECH
DER SPATZ SCHREIT IN DEN AUSPUFF
UND EUGEN REDET BLECH

DER KUGELSCHREIBER SABBERT
IM SPIEGEL LIEGT EIN BROT
ES KANN SICH SELBST NICHT SEHEN
UND WÄRE LIEBER TOT

AM MORGEN SCHEINT DIE KATZE
UND HUNDE EXPLODIER'N
DER HASE SCHLEICHT ZUM KIRCHTURM
WILL PÄPSTE NUMMERIER'N

DREI SIRENEN GEHEN AUFRECHT
SECHS TANTEN SPIELEN SCHACH
EINFÄLTIG WILL ZU OPA
DOCH DER IST NOCH NICHT WACH

EIN BEISPIEL KANN NICHT SINGEN
EIN KINDERSPIEL IST SATT
EIN BALLSPIEL HEISST OFT FUSSBALL
UND ICH BIN HEUT' SCHACHMATT

DAS KLOFENSTER RIECHT SCHEISSE
UND ROSEN DUFTEN NETT
DER RUDI STINKT NACH ANGSTSCHWEISS
UND IST DAZU NOCH FETT

EIN SCHREIBERLING ISST WEISSWURST
EIN KÜMMERLING IST ROT
EIN SAIBLING DER HAT SCHUPFEN
UND SCHMECKT AUCH IN DER NOT

MAGNETE KLEBEN EINSAM
EIN SAMEN STOPPT VORM ZIEL
DIE SCHRAUBE GEHT ZUR MUTTER
UND KINDER GIBT'S NICHT VIEL

EIN KANALISATIONSROHR
SCHREIT WÜTEND ZUM VAMPIR
ICH ESS AUCH GERNE BLUTWURST
'DRUM LASS' NOCH ETWAS HIER

DER SAUERBRATEN FRAGT SICH
WAS SOLL ICH MIT PÜRREE
DER SCHWEINEBRATEN MECKERT
ER LIEGT IM SOSSENSEE

EIN PUDDING GEHT ZUM SPORTFEST
UND SIEGT BEIM EISKUNSTLAUF
DIE SUPPE IST SEHR GLÜCKLICH
SIE KOMMT VOM SCHLUSSVERKAUF

AM MONTAG WIRD GESOFFEN
GEBEICHTET WIRD IM MAI
ICH BEICHTE IMMER DIENSTAGS
DAS MACHT AUCH MEIN FREUND KAI

ZWEI KIRSCHKERNE SIND TROCKEN
DER MAIS KOMMT AUS DEM HAUS
KARTOFFELN MODERIEREN
„DIE SENDUNG MIT DER MAUS"

DIE WITZFIGUR IST TRAURIG
DIE TRAUMFIGUR GEHT FREMD
DIE HAUPTFIGUR LACHT IMMER
UND HAT EIN NEUES HEMD

ANTIQUITÄTEN SCHIELEN
EIN LEOPARD DER STIERT
ICH SEHE DURCH DEN WEISSKOHL
WER HEUTE NOCH VERLIERT

DIE GLASKUGEL ZERSPRINGT NUN
SIE KANN NICHTS PROPHEZEIEN
DIE ZUKUNFT KANN JETZT KLOPFEN
ICH LASS SIE GERN HEREIN

NIE WIEDER ESS' ICH TEEWURST
DENN SIE IST NICHT AUS TEE
ICH ESSE LIEBER HACKFLEISCH
DAS TUT NUR ANDER'N WEH

BETRIEBE SIND VERSCHERBELT
FÜR'N APPEL UND 'N EI
WER HAT DAVON GEWUSST NUR
ICH WAR DA NICHT MIT BEI

DIE TREPPE SPRANG ZUR SEITE
ALS KARL SIE GRAD BESTIEG
DANN FIEL ER AUF DIE FRESSE
'DRAUF SCHRIE DIE TREPPE „SIEG"

DER DAUMEN WURD' BESCHNITTEN
MIT EINEM MESSER KLEIN
DER STINKEFINGER LACHTE
UND HAUTE NOCH DRAUF EIN

DAS SOFA WIRD GESTEMPELT
EIN LUFTBALLON ZERKRATZT
DA LACHT NUR TANTE ELSE
DIE DARAUFHIN ZERPLATZT

DER RUMTOPF WIRD VERTEIDIGT
ICH WILL IHN GANZ ALLEIN
BETRUNKEN WIRD EIN SITTICH
FÄLLT ER IN IHN HINEIN

DIE POLIZEI TREIBT KÜHE
DIE BULLEN TREIBEN MICH
BETREIBER MÜSSEN SCHLIESSEN
UND PINKELN MUSS AUCH ICH

GARAGENTORE KOCHEN
IM KELLER MARZIPAN
DAS KLINGT SCHON GANZ VERDÄCHTIG
WEIL OMA DAS NICHT KANN

GENÜSSE LIEBEN FLÜSSE
UND ICH LIEB' MEINE FRAU
VIER KÜSSE LIEBEN NÜSSE
UND DAS IST GANZ SCHÖN SCHLAU

GERAUCHT WIRD MORGEN KEINER
SCHON GAR NICHT ZIGAR RE
ICH RAUCH NOCH HEUT' 'NE PFEIFE
DER LUNGE TUT'S NICHT WEH

DIE AUGEN SCHMERZEN DIENSTAGS
UND MITTWOCHS SCHMERZT DAS KNIE
AM SONNTAG SCHMERZT DIE NASE
SIE HATTE RUHE NIE

EIN STEUERSÜNDER MECKERT
DER KINDERSCHÄNDER LACHT
GERECHTIGKEIT IST ANDERS
SIE WIRD AUS DRECK GEMACHT

DIE BABYWINDEL MAG SICH
NICHT GERN IM SPIEGEL SEH'N
AUCH SCHWABBELIGE BRÄUTE
SOLLTEN DAVOR NICHT STEH'N.

DER STRUMPFHALTER ZIEHT ÜBER
DIE NYLONS IMMER HER
DIE LACHEN NUR VERÄCHTLICH
UND WOLLEN IMMER MEHR

NIE WIEDER RÜLPST DAS NASHORN
NIE WIEDER SCHNUPFT DAS PFERD
DIE ZIEGENMUTTER GLAUBT'S NICHT
SIE STEHT AM OFF'NEN HERD

EIN HUNDESCHISS SCHMECKT SALZIG
DER GUMMIBÄR ERLISCHT
VANILLEPUDDING FASELT
DIE KARTEN SIND GEMISCHT

DAS ACHSELSPRAY TRÄGT HANDSCHUH
VIEL ALKOHOL FÄHRT FORT
EIN SCHEISSKERL MORDET KUHMIST
LUFT SPRINGT VON ORT ZU ORT

ZEHN FINGERNÄGEL TÖTEN
EIN GRABSTEIN RÜLPST INS KLO
DER MUND SPRICHT AUS DEM KOPFE
DAS GIBT'S AUCH ANDERSWO

REGIERUNGSBÄNKE PLAUDERN
EIN HERZ UMFASST EIN BILD
DIE GIESSKANNE ERHEBT SICH
UND DRAUSSEN SCHREIT EIN SCHILD

DIE KOKOSMILCH RIECHT SAUER
DEM ERDBEEREIS WIRD SCHLECHT
DIE ROSE RÜMPFT DIE NASE
ES IST IHR NICHTS MEHR RECHT

DER SPIELFILM HASST DEN VATER
DIE ZANGE FLIEGT INS BEET
DER SCHWEINSCHWANZ KOMMT WIEDER
WIE GUT DASS ES NOCH STEHT

DREI SOCKEN GEH'N SPAZIEREN
DER ACKER WIRD BESTELLT
GELIEFERT WIRD 'NE BOCKWURST
UND ICH, ICH HAB' KEIN GELD

EIN GLASHAUS WIRFT MIT STEINEN
WER SITZT DER HAT VERLOR'N
EIN LEERGUT WIRD VERSTEIGERT
EIN TEUFEL WIRD GEBOR'N

IM VORWÄRTSGANG STEH'N MÖBEL
IM AUSPUFF WIRD GEFICKT
DREI REIFEN FRIER'N IM NEBEL
DIE FELGEN SIND GEKNICKT

DER GELBE IST 'NE ROTWURST
IM GÜRTEL STEHT EIN TIER
OBAMA ISST EIN WEISSBROT
DAS KLA HAT KEINE VIER

PALETTEN REISSEN PILLEN
EIN KAMPFANZUG RAUCHT MALZ
EIN HUT BEDANKT SICH VIELMALS
DER TOD KOMMT AUS DER PFALZ

DER ESEL SCHENKT SICH ERBSEN
DAS PFERD LACHT SICH KAPUTT
EIN KINDERBUCH ERFREUT SICH
UND SCHMEISST SICH DANN IN DUTT

DIE LEISTUNGSTRÄGER TAUCHEN
GESPENSTER FEIERN STILL
EIN AST ZERBRICHT IN STÜCKE
EIN TOAST SAGT WAS ER WILL

IM GARTEN BRENNT EIN U-BOOT
EIN SÄNGER SABBERT SCHLICHT
VERHEIZTES EIS VERGOLDET
IN BREMEN EIN GERICHT

DIE HAND HAT KEINE SCHUHE
DER SCHUH HAT KEINE HAND
DER GEHWEG IST KEIN FAHRSTUHL
DAS IST UNS DOCH BEKANNT

DIE WAND KRIEGT KALTE FÜSSE
EIN HIRSCH SPRICHT MIT GRANAT
EIN BUSFAHRER HÄLT ZÜGEL
EIN STORCH KOMMT NUN IN FAHRT

IM SUMPF DA SCHWIMMEN VÖGEL
AM HIMMEL FLIEGT EIN SEE
ZWEI FISCHDOSEN GEH'N BUMMELN
EIN HITZSCHLAG DER TUT WEH

EIN NIEDER WIRD GELASSEN
EIN OBER HAT KEIN HAUPT
EIN KATER SCHWÄNZT DIE SCHULE
EIN SCHNULLER WIRD BERAUBT

GESTAMPFT WIRD EINE HEXE
ENTRÜMPELT WIRD EIN G
UND WENN DAZU EIN EIS WEINT
DANN GIBT ES MORGEN SCHNEE

EIN DEOSTIFT KLAUT KOHLEN
EIN PULS FLIEGT AUS DER HAND
GEWERKSCHAFTEN DIE SCHWEIGEN
EIN KUCKUCK BAUT AUF SAND

DAS KARTENSPIEL VERZAUBERT
EIN ZOCKER ZIEHT SICH AUS
DAS GELD BLEIBT HINTERM OFEN
EIN BAUM SPRINGT AUS DEM HAUS

EIN KOPFKISSEN RIECHT SCHWARZBROT
DIE DAUNENDECKE SCHWITZT
ZWEI FLÖHE SPRINGEN RÜCKWÄRTS
DAS FIND' ICH SEHR GEWITZT

GELEGTES FEUER SPRUDELT
DIE ZAHNBÜRSTE GIBT ACHT
MAL SEH'N OB FÜNFZEHN ZWEI IST
DAS WÄRE DOCH GELACHT

DREI SEITENHIEBE TRATSCHEN
DER SPIELPLATZ IST BEDECKT
EIN KINDERGARTEN SCHLIESST SICH
DAS FIND' ICH NICHT KORREKT

DIE TONNE SUCHT IHR VORSPIEL
DER APFELKUCHEN BRENNT
EIN RATTENSCHWANZ LIEST SIMMEL
UND ICH, ICH HAB' VERPENNT

DER MARATHON WIRD GEILER
DIE PIMMEL PLATZEN SCHNELL
DAS LICHT FÄHRT MIT DER KUTSCHE
DADURCH IST'S IN IHR HELL

BERATUNG STINKT ZUM HIMMEL
DER ESELSHODEN KOCHT
ZWEI BLINDE SPIELTEN SEHEN
WESHALB SIE KEINER MOCHT

EIN KREBSGESCHWÜR SPIELT HANDBALL
DAS BLUTGERINSEL SCHREIT
DER SCHOKORIEGEL RICHTET
UND ICH HAB' KEINE ZEIT

DIE DUMME SAU SPUCKT NÄGEL
DIE FERNBEDIENUNG BRÜLLT
DAS GLEICHGEWICHT FÄLLT RUNTER
EIN BÄR WIRD ABGEFÜLLT

ZITRONEN WASCHEN ABFALL
DER TISCH ERHEBT EIN BEIN
GENÜSSE STEH'N IM KÜHLSCHRANK
EIN SCHUHKARTON SAGT NEIN

DREI TEMPOS SAUGEN SCHMERZEN
EIN VOGEL RIECHT NACH BIER
ZWEI RUSSEN BOHREN NÜSSE
UND MORGEN WIRD'S NICHT VIER

VERPRÜGELT WIRD EIN NORDWIND
DER OSTWIND STINKT IM GRAS
DER SÜDEN TRINKT OFT VOLLMILCH
DER WESTEN TRITT INS FASS

EIN LEBENSMITTEL SCHLÄFT SCHLECHT
DAS DATUM RAUCHT ZU VIEL
EIN SILBERBLICK TRINKT ESSIG
UND LEHM ISST EIS AM STIEL

OLD SHATTERHAND LÄUFT KOPFLOS
UND WINNETOU LÄUFT AUS
EIN SCHIMMEL HUMPELT EINSAM
UND MACHT SICH NICHTS DARAUS

DIE FRIKADELLE SÄUSELT
DER METTWURST WAS INS OHR
SO FÄLLT DIESE INS KOMA
UND BRAUCHT EIN' LITER CHLOR

EIN PAPPA GALLO PINSELT
'NE MAMMA MIA STREIKT
DIE OMA ELSE WIEHERT
UND OPA HENNING GEIGT

EIN KLEINES HIRN LÄUFT BARFUSS
GERÄUSCHE BLEIBEN STUMM
VERSICHERUNGEN LÜGEN
TROMPETEN FALLEN UM

AM FENSTER STEH DIE EISZEIT
UND GELD DAS SETZT SICH HIN
DIE FREUDE WILL NACHTS ANGELN
DOCH IST IM SEE NICHTS DRIN

IN BONN REISST EINE HOSE
IN KÖLN ZERREISST EIN HERZ
IN ROM REISST EINE SEILSCHAFT
ICH REISE NUR IM MÄRZ

DIE FRAGE STELLT 'NE ANTWORT
ICH STELLE WAS INS MEER
BESTELLTES BLEIBT OFT LIEGEN
DAS FREUT DEN FINDER SEHR

WAS FINDET SELTEN BOMBEN
WER SUCHT SELTEN NACH SCHROT
WER TRINKT GANZ SELTEN DIESEL
ICH GLAUB' ES IST DER TOD

IN BREMERHAVEN ZIEHT ES
EIN LEUCHTTURM DER WIRD BLIND
GEWECKTE WOLKEN NIESEN
DAS MACHT ALLEIN DER WIND

unten

NEW YORKER SPRINGEN ABWÄRTS
NICHT NUR AM SCHWARZEN TAG
DER FUSSWEG WIRD GESÄUBERT
ES STIMMT WENN ICH ES SAG'

GESTANK WIRD AUFGEFANGEN
NUR AUFWÄRTS GEHT EIN SPRAY
DIE NASEN DANKEN VIELMALS
FÜR EWIG LIEGT DER SCHNEE

EIN TANNENBAUM KOCHT SUPPE
EIN WILDSCHWEIN HAT GEWEINT
UND WENN ICH SAG' ICH LIEB DICH
DANN HAB' ICH'S SO GEMEINT

IM KÜHLSCHRANK LIEGT NOCH GALLE
DAS HEXENHAUS LÄUFT AUS
DIE SCHNOTTEN LAUFEN LANGSAM
UND FALLEN DANN HINAUS

IN IRLAND SPRICHT EIN GRASHALM
UND ELFEN SINGEN SCHÖN
ACH WÄR'S DOCH HIER GENAUSO
DANN BRÄUCHT ICH NICHT ZU GEH'N

EIN FISCHSTAB WIRD GEANGELT
EIN NOUGATEI GEKÖPFT
DIE NASENWÄNDE GURGELN
EIN SCHILD WIRD ZUGEKNÖPFT

DER SCHREIBTISCHTÄTER BAUMELT
DER RICHTER HAT'S BESTIMMT
EIN KINDERSCHÄNDER LACHT LAUT
WEISS WIE MAN SICH BENIMMT

IM STERNENHAGEL TROMMELT'S
DER GEIGENKASTEN BRUMMT
GEBISSE STERBEN EINSAM
ES IST NICHTS LOS IM MUND

EROBERT WIRD DER REICHTUM
MIT MESSER UND GEWEHR
ZEHN LEICHEN BLEIBEN LIEGEN
ES IST GAR NICHT SO SCHWER

GEHOBEN WERDEN WORTE
ERNIEDRIGT WIRD EIN KIND
DAS ZEIGT UNS ALLEN QUALVOLL
WIE SINNLOS WIR DOCH SIND

IM MORGENTAU LIEGT SAHNE
IM SCHIMMEL LIEGT EIN KALB
DOCH WIRD NOCH KEINER JÜNGER
WIR WERDEN EHER ALT

EIN TOTGESAGTER SPRICHT NOCH
EIN RECHTER FÄHRT NACH LINKS
EIN ABGESANDTER SENDET
IM SCHWEINESTALL DA STINKT'S

ZWEI T-SHIRTS DIE SIND EINSAM
EIN ANZUG ZIEHT SICH AUS
PULLOVER FRIEREN SELTEN
SIE GEH'N NICHT AUS DEM HAUS

DER KAFFESATZ HAT SCHMERZEN
DER SCHRIFTSATZ KEINEN SINN
DIE ÄRZTE SCHLUCKEN NUCKEL
UND ICH BLEIB' WIE ICH BIN

DER SCHNEEBALL LIEGT IM OFEN
UND BLEIBT SO WIE ER IST
MANCH EINER SAGT „WIE GEHT DAS"
DER OFEN AN NICHT IST

BEVORZUGTES EILT EINSAM
GESCHNUPFTES WIRD RASIERT
KEIN ÜBERMORGEN WARTET
DAS NEUE WIRD SANIERT

EIN SCHREIBTISCH BLEIBT VERSCHWUNDEN
PICASSO STIEHLT DIE NACHT
AUS SCHUHEN QUALMEN TORTEN
EIN KEKS WILL AN DIE MACHT

GESIEBTES WASSER POLTERT
EIN KLEBESTREIFEN RAUCHT
ZWEI LILA KÜSTER KLÖTERN
UND ELFEN SIND VERBRAUCHT

VERKAUFSGESPRÄCHE LÜGEN
EIN VORSATZ WIRD RADIERT
VERMISCHTES GELB TREIBT HEIMWÄRTS
JA HABT IHR'S JETZT KAPIER

EIN CHEF BLEIBT DREIMAL STEHEN
DEM KUMPEL WIRD'S ZU BUNT
EIN BLONDGELOCKTER RÖCHELT
DENN ER WIRD GLEICH ZUM HUND

EIN LOCHER BEISST DAS WELTALL
DAS FLUGZEUG WILL NACH HAUS
NACHTS SINGEN ALLE MÜCKEN
UND „K●L" SIEHT KOMISCH AUS

VERPENNTE HEFTE SCHWÄNZEN
DIE SCHULE IST BALD LEER
DENN LERNEN IST VORÜBER
UND LEHRER GIBT'S NICHT MEHR

GEKLONTES WEISS STREICHT ERDBEER'N
EIN LEERER RAUM STEHT STRAMM
GELIEBTE SPUCKEN SPRUDEL
EIN IGEL BRAUCHT KEIN' KAMM

MAGNETE STEHLEN EISEN
EIN ZUG BRAUCHT KEIN GESCHIRR
DREI ACHTEN TANZEN WALZER
ICH GLAUB' ICH REDE WIRR

Face
Con-
troll
M.J.

EIN REISEBUS GEHT SCHLAFEN
IN ASPHALT LIEGT VIEL REIS
CHINESEN BRAUCHEN ZEITEN
EIN SCHORNSTEIN ISST KEIN MAIS

DIE UHRZEIT LIEGT IM KELLER
DARUNTER LEBT DER GOTT
DER TEUFEL STEIGT BALD AUFWÄRTS
DAS IST DOCH ALLES SCHROTT

VOM BETEN KRIEGT MAN KNOTEN
DER KREBS HAT KEIN GESPÜR
GESCHWÜRE WANDERN GERNE
WAS KANN EIN ARZT DAFÜR

DIE HILFE LIEGT IM GRABEN
MAN HAT SIE DORT VERSTECKT
DER SAND HAT VIELE FARBEN
ICH DENK' DASS IHR VERRECKT

ZWEI LIEBESWORTE SPRINGEN
GELOBTES WIRD RADIERT
EIN MÄRCHENBUCH LERNT RUSSISCH
DER EISBÄR WIRD FRISIERT

DIE ACHTERBAHN FÄHRT RÜCKWÄRTS
DIE ZEIT FÄHRT HINTERHER
SCHMEISS WEG DIE EINTRITTSKARTE
IHR BRAUCHT SIE NUN NICHT MEHR

EIN SCHORNSTEINFEGER DRECHSELT
EIN LÄCHELN WIRD VERKLEBT
FREUT EUCH DES FEUCHTEN ANBLICK'S
SEID FROH, DASS IHR NOCH LEBT

VIER SAMEN GEH'N SPAZIEREN
GENÜSSLICH FLIEGT EIN KUSS
EIN ACHTLING HAT VIER NAMEN
ES KOMMT WAS KOMMEN MUSS

DER MARMORKUCHEN KLINGELT
DIE MASSE ZIEHT AM ZAUN
IM TURNSCHUH HERRSCHT DAS CHAOS
EIN FLOH HÄNGT SCHIEF IM BAUM

DER SELBSTMORD RODET WÄLDER
EIN FISCH LÄUFT ABENDS SKI
DER ALKOHOL HAT FREIZEIT
DOCH MICH DEN KRIEGT ER NIE

ERRÖTENDES VERSTECKT SICH
EIN LOCH WIRD EINGEWEICHT
DER BAYER FRISST KANONEN
DAS BILD ENTSCHLUMMERT SEICHT

EIN BILDERRAHMEN FREUT SICH
DER UHU STEIGT INS BETT
DIE SCHARFE SOSSE RÖCHELT
ICH FIND' EUCH ALLE NETT

EIN REITSTALL FLIEGT NACH ISLAND
DER RASENMÄHER STINKT
GESTAMPFTES HEU WIRD HEISER
UND AUCH NACH LUFT ES RINGT

GEHÄUFTES GOULASCH STÄNKERT
EIN NEBEL RUFT NACH SCHNAPS
DIE SOJASOSSE RECKT SICH
DOCH ICH TRINK LIEBER RAPS

DER UNTERSCHIED STRICKT KÄLBER
DIE WUNDE LEIDET SEHR
DER UHU ABER FREUT SICH
UND GEHT MIT IHR INS MEER

EIN ZIEGELSTEIN KRIEGT KINDER
DER POLIZIST STOPFT EIS
DER DOPPELPUNKT ERHÄNGT SICH
EIN CURRY STEHT IM REIS

DER ZUGBEGLEITER STEINIGT
ZWEI NASEN ESSEN BROT
ERHÄRTETES BLEIBT LIEGEN
UND ROT WÄR LIEBER TOT

EIN UNTER KANN NUR HALTEN
EIN ÜBER KANN NUR HOL'N
EIN UNTER KANN KANN AUCH FANGEN
EIN ÜBER NICHT VERKOHL'N

VIER FRIKADELLEN TANZEN
DER DICKDARM WIRD VERSPERRT
DIE DREIUNDZWANZIG SEGELT
EIN STUHL HAT SICH VERMEHRT

DIE FENSTERSCHEIBE FLIRTET
EIN HUT BESTÄUBT EIN BEIN
ORGASMUS KOMMT IN GLÄSER
DAS FIND' ICH GAR NICHT FEIN

DIE TORTE BLEIBT ZU HAUSE
VIER KEKSE GEHEN AUS
DAS MEHL HAT KEINE CHANCE
UND HOLT EIN MESSER RAUS

EIN BUCHSTABE ZIEHT WESTWÄRTS
VEREIDIGT WIRD EIN HUHN
GEROLLTES „R" WIRD LANGSAM
ES GIBT NOCH VIEL ZU TUN

BEMERKENSWERTES WANDERT
GELOBTES LAND BEKRIEGT
DIE BOMBEN FALLEN LEISE
UND KEINER MERKT WER SIEGT

DAS HALBE LEBEN SCHWINDELT
DIE ANDERE HÄLFTE AUCH
DER PLATTENSPIELER NADELT
UND LICHT KOMMT AUS DEM BAUCH

DER BECHER SINGT EIN SCHLAFLIED
DAS KOMMT ZUWEILEN VOR
DIE D-MARK IST VERGESSEN
DER EURO DRÖHNT IM OHR

DAS HIMMELBETT VERHANDELT
DAS WASSER SCHWIMMT IM TEICH
DIE ENTEN ESSEN BIERSCHAUM
DER TOTE WIRD GANZ WEICH

DEM HUHN GELINGT EIN SALTO
ZWEI BÜRSTEN WERDEN FRECH
DIE BETTDECKE ERHEBT SICH
FÜNF FEDERN HABEN PECH

DIE KÜHE PINKELN WODKA
EIN SCHNITZEL SCHMECKT NACH FISCH
DAS KIND RENNT ZU MCDONALDS
ES HAT NICHTS AUF DEM TISCH

DIE ZIEGEN FRESSEN BUSEN
MEIN ARSCH LIEBER PAPIER
DER VOLVO FLIEGT NACH MÜNCHEN
DOCH ICH BLEIB LIEBER HIER

EIN KLODECKEL SPINNT SEIDE
DIE ZAHNPASTA BRICHT AB
TABLETTEN SCHLÜRFEN BRAUNKOHL
EIN KEKS STEIGT AUS DEM GRAB

DIE LUNGE SCHREIT NACH KOHLEN
DIE FLUPPEN WERDEN SCHWACH
DIE TOLERANZ HAT PAUSE
DOCH ICH BIN NOCH HELLWACH

IM STRUMPF VERFÄNGT SICH KAFFEE
DIE UHR KÄMPFT MIT DEM HUND
VIER BÜRSTEN FURZEN SAHNE
UND MASERN SIND GESUND

EIN STROHHALM HÖRT 'NEN RAPSONG
DAS RADIO IST KASTRIERT
VERGESSEN IST DAS ECHTE
MANCH' ELTERN SIND BLAMIERT

RAKETEN TRETEN FLIEGEN
DIE ASCHE BRINGT SICH UM
EIN SCHMETTERLING VERBEUGT SICH
DER BAUMARKT LACHT SICH KRUMM

EIN HIMBEERSAFT SCHREIT: „HILFE"
BANANEN REITEN BROT
VERSCHIFFTE TÖTEN BLUTWURST
EIN ANZUG KOTZT SICH TOT

COMPUTER FRESSEN HIRNE
DIE ENDZEIT IST NICHT WEIT
ZWEI MÄNTEL TÖTEN SCHÜLER
UND WIR SIND NICHT BEREIT

GEWITZTE BOOTE WEINEN
ORANGEN TRINKEN ROST
DREI SCHARFE KANTEN MOSERN
DAS BLUT GERINNT ZU MOST

DIE FERNSEHZEITUNG ZÖGERT
GEMEINES WIRD FRITTIERT
EIN SCHNUPFEN GEHT VORÜBER
DER HUSTEN ABER FRIERT

IN WAHRHEIT STECKT EIN WEINBRAND
DIE LÜGEN LEGEN LOS
IM STEINBRUCH WIRD GESCHLUDERT
UND ICH ICH BIN FAMOS

EIN ECKPFEILER NICKT EIFRIG
DREI LEHRER BRENNEN AB
VIER BEINE ÖFFNEN FLASCHEN
EIN LUDE PENNT IM GRAB

EIN SCHIEBEDACH DAS FREUT SICH
ELF ROSEN LIEBEN KALT
DER FLIEGENSCHISS VERFÄHRT SICH
UND ICH WERDE SEHR ALT

DIE HITZE STEIGT INS AUTO
DER FAHRER STEHT IM SCHOCK
DIE FRAU DANEBEN REIBT SICH
DENN SIE TRÄGT KEINEN ROCK

DAS UNTERHEMD GEHT BADEN
UND HOSEN LAUFEN WUND
KONDOME PLATZEN LEISE
DAS HAT AUCH SEINEN GRUND

KORRUPTE HÜHNER FLENNEN
EIN ASCHENBECHER SÄUFT
DAS FLUGZEUG GEHT ZUM FREIMARKT
DER KERZENSTÄNDER LÄUFT

VERGESSEN SIND DIE KOHLEN
VERDAUTES WIRD VERPACKT
ICH WAR GESTERN IM KELLER
UND BIN DA AUCH VERSACKT

DU GLAUBST DU BIST EIN KÜHLSCHRANK
DOCH IST DIES GAR NICHT WAHR
AUCH WENN DU MAL SO AUSSIEHST
DU BIST 'NE WUNDER BAR

DIE FLIEGE SCHWIMMT IM MOPED
DAS MOPED SCHWIMMT IN BIER
PROMILLE FAHREN AUTOS
DOCH ICH BLEIB LIEBER HIER

DER FÜHRER-SCHEIN-BAR WACKELT
DIE HAND SPRINGT SCHNELL HERAB
DAS ATTEN-TAT-VERDÄCHTIG
DOCH HAT ES NICHT GEKLAPPT

DIE WIEDERHOLUNG STÖHNT NICHT
EIN AUGE HAT VIEL SPASS
MANN KANN ES DOPPELT SEHEN
WIE WUNDERSCHÖN IST DAS

KAROTTEN SCHNEIDEN HECKEN
EIN SCHNEIDER HECKT WAS AUS
ICH HAB' MICH JETZT VERLAUFEN
WIE KOMM ICH HIER NUR RAUS

MILLIARDE SAGT ZU ZWANZIG
WAS BIST DU ABER KLEIN
DRAUF ZWANZIG GEHT ZU VIERZIG
MILLIARDE BLEIBT ALLEIN

DER PAPST VERKAUFT SEIN'N PENIS
DIE ENGEL SCHREI'N IM CHOR
DIE NONNE STEHT IM FAHRRAD
ZWEI EIER STEH'N IM TOR

ZERLUMPTE FRÜCHTE WEINEN
BEFUMMELTES ZERBRICHT
GELIEBTES WIRD GEBRATEN
DAS BUCH HAT KEIN GESICHT

DIE ZIGARETTE SEGNET
DER BEICHTSTUHL WIRD ZU BROT
DES PFARRERS STIMME HEUCHELT
VORM VORHANG STEHT DER TOD

DAS LAUTE SCHREITET LEISE
IM MAGEN BRENNT NOCH LICHT
DAS KRIEGSBEIL WIRD ERÖFFNET
SIEHST DU DAS ELEND NICHT

DER STROMAUSFALL BEGEISTERT
EIN SAURER HERING SCHMOLLT
GERD SCHRÖDER SITZT IM HELLEN
WIR HABEN'S SO GEWOLLT

VIER ÄPFEL OPERIEREN
DIE SAHNE WIRD MASSIERT
DER SCHLUCKAUF ÜBERHOLT SICH
EIN SACKHAAR WIRD KASTRIERT

DAS VORGESTERN PIEPST LEISE
VOR MORGEN STEHT DER TOD
GERAMMELTES VERSCHIMMELT
DER WEISSKOHL LEUCHTET ROT

DER KOPFSALAT SCHLÜRFT SCHLÄUCHE
GESCHMOLZ'NER EITER KACKT
ERHÄNGTE COWBOYS LESEN
DIE LUFT WIRD NEU VERPACKT

VORHERGESAGTES STOLPERT
EIN BAUM DREHT SICH IM KREIS
DIE KLOSTERSCHULE SABBERT
EIN ROTER TISCH WIRD WEISS

ESCAPE FROM DREAM

DIE KATZENMUTTER STÄNKERT
DIE UHRZEIT EXPLODIERT
IM NOTSTAND WIRD GESESSEN
DAS REH HAT SICH BLAMIERT

EIN TESTSIEGER KLAUT ZEITEN
EIN DROMEDAR GUCKT LAUT
DER KRIMI LECHZT NACH BRATWURST
EIN ARSCHLOCH WIRD VERSAUT

DIE TELEFONE SCHMELZEN
ZWEI OHREN STEH'N IM WIND
DAS UNTEN OBEN ESSEN
DAS WEISS DOCH JEDES KIND

BALLETTSCHUH' DIE SPIEL'N HALMA
DREI REHE LIEBER SCHACH
MONOPOLY DIE BANKEN
DAS MACHT IHN'N KEINER NACH

GEHÖRTES WIRD VERGESSEN
DRUM HALT ICH MEINEN MUND
GETRETENES VERGISST SICH
DA BIN ICH GLEICH DEM HUND

VERLAUSTE AFFEN SCHWEIGEN
DER BAADER LIEGT IM ROT
DIE MEINHOFF RUFT DEN SELBSTMORD
DOCH FISCHER IST NICHT TOT

DIE DOPPELMORAL ZÜNGELT
UND SCHLANGEN FÄLLEN HOLZ
DAS DAMALS WIRD VERGESSEN
ICH DENKE MIR WAS SOLL'S

EIN AUTOSCHLÜSSEL TRAUERT
ZWEI TEPPICHE VERGEH'N
DER WECKER FRISST 'NE BRATWURST
DIE LEICHE DIE BLEIBT STEHN

DURCH BREMEN LÄUFT EIN FAHRSTUHL
PÜRRIERTES WIRD VERSTECKT
DER GASHAHN SPIELT BACKGAMMON
EIN KÜCHENTISCH VERRECKT

EIN FLUGZEUG WIRD ERMORDET
DER ROLLKRAGEN SITZT SCHIEF
EIN AUGAPFEL FÄHRT FAHRRAD
DER MÜLL STEIGT AUS DEM MIEF

EIN HANDTUCH SCHREIT NACH HILFE
DER ASCHENBECHER SCHMILZT
EIN BERG SPIELT AUF DER STRASSE
TOILETTEN SIND VERFILZT

DER MORGEN ROLLT ZUM HÜGEL
DER SCHLACHTER RIECHT DAS BIER
EIN ZAHN ERSCHIESST FÜNF ÄRZTE
DER SCHUH SCHREIT INS KLAVIER

FLAMBIERTE WÜRSTE KEUCHEN
DAS CHAOS PLATZT IM KOPF
NUR BANKEN SPRECHEN WAHRHEIT
EIN BROKER HÄNGT IM ZOPF

DER MIKROKOSMOS WACKELT
DIE MÜCKE IST LEDIERT
DAS HEMD HÖRT AUF ZU WACHSEN
DIE HOSE WIRD RADIERT

PROZENTE FALLEN RÜCKWÄRTS
EIN FAULTIER WIRD BESCHMIERT
TEQUILLA SPRINGT AUS MÜNDERN
DER WALD WIRD INHAFTIERT

VIER AFFEN ZEUGEN VOLVOS
TABLETTEN SPIELEN BASS
ZERZAUSTE SCHRÄNKE WEINEN
EIN STERN ERLISCHT AUS SPASS

DIE ANANAS SCHIELT HEFTIG
DIE BRILLE GEHT SPAZIER'N
ZWEI MÜTZEN GEHEN SCHLAFEN
WAS SOLL JETZT NOCH PASSIER'N

DIE VORDERPFOTE RÜLPST LAUT
FÜNF EIER SCHMELZEN GOLD
EIN AUSPUFF ISST LAKRITZE
DIE APFELSINE SCHMOLLT

COMPUTER SPUCKEN LEBER
GENIESSER TRETEN SPECK
DIE HOCHZEITSGLOCKE MORDET
DREI HANDWERKER SEH'N WEG

DIE SCHLANGENHAUT ZIEHT ASSE
EIN NASENFLÜGEL SUMMT
MARIENKÄFER TÖTEN
DER ZEIGEFINGER BRUMMT

EIN HÜFTGELENK SCHMECKT FRUCHTIG
VANILLEEIS VERBIEGT
DER HONIG WIRD ERSCHOSSEN
EIN SCHNEEBALL WIRD BESIEGT

DER ABGANG STÖRT DEN SPIELFILM
AMERIKA SCHWIMMT NACKT
DER ALPENKÖNIG ROSTET
DER HIMMEL WIRD VERPACKT

DER EURO SCHWIMMT AUF SCHEISSE
DER DOLLAR WÄCHST INS GRAB
DIE ARMEN WERDEN WACHSEN
DAS HÄLT UNS SCHON IN TRAB

DIE ANWÄLTE SPIEL'N ZAHNARZT
EIN STREIK BELAGERT HAUT
DER TEUFELSKREIS SPUCKT MÜNZEN
EIN SESSEL WIMMERT LAUT

EIN STAUBKORN WIRD VERSILBERT
DAS WEISSBROT WIRD FRISIERT
GEKONNTES WIRD VERGESSEN
DAS HUHN RELATIVIERT

PERÜCKEN GEHEN SCHOPPEN
EIN STEIN VERGISST SEIN GELD
DEM TEEGLAS GEHT'S BESCHISSEN
SO IST NUN MAL DIE WELT

DAS KLO BEZAHLT DIE ZECHE
DAS KONTO FEDERT AB
GERINGVERDIENER STOLPERN
UND RUHE FÄLLT HERAB

EIN DIENER ROLLT ZU KARSTADT
DER LEUCHTTURMWÄRTER SCHWÄNZT
GESTAMPFTES WIRD ZU GUMMI
EIN WASSEREIMER BRENNT

ERSATZREIFEN STEH'N RÜCKWÄRTS
GERONNENES WIRD NEU
DIE BLASMUSIK ERHÄNGT SICH
EIN RING BLEIBT IMMER TREU

IM ZILLERTAL SPRICHT SCHWARZBROT
GELIEHENES VERSTAUBT
VERGESSEN SIND ACHT FÜCHSE
DIE WAHRHEIT WIRD VERKAUFT

DIE HANDTASCHE SPIELT HANDBALL
EIN TASCHENMESSER KLAUT
BEI LIDL GIBT ES BLUTWURST
SIE SCHREIT WENN MAN SIE HAUT

GERÜCHTE SPRECHEN SPANISCH
GERINGES WIRD VERHÖRT
EIN BLEISTIFT KRATZT AM FENSTER
AUCH WENN DIES KEINEN STÖRT

GESIEBTES SCHWIMMT NACH OBEN
EIN HALSSCHMERZ LEIS ERTRINKT
DER JANUAR LEGT FEUER
DAS MEER IM DORF VERSINKT

DIE SPEICHELDRÜSE HUMPELT
EIN KARTENHAUS FÄHRT SKI
DREI FLIEGEN TRINKEN KRESSE
DER SCHIRM GEHT IN DIE KNIE

EIN METTWURSTBROT ERHEBT SICH
EIN TAKTSTOCK SCHWIMMT IM BETT
DREI INSELN RAUCHEN KATZEN
DAS FIND' ICH GAR NICHT NETT

EIN NYLONSTRUMPF FRISST PONNYS
EIN WEISSBROT SPRICHT VOM LLOYD
DAS DREIRAD SCHWIMMT IN SÜLZE
VIER RICHTER LÜGEN HEUT'

ZWEI ROBBEN SPRINGEN LAUTLOS
VOM SCHIFF HER RIECHTS NACH ZEIT
DIE DUNKELHEIT ERBRICHT SICH
DAS ZIEL IST NICHT MEHR WEIT

DIE NORDSEEKRABBE LÄCHELT
SECHS UHREN TAUCHEN TIEF
VERDRECKTE FINGER PINKELN
EIN SUPPENHUHN HÄNGT SCHIEF

DER WASSERFALL VERNEIGT SICH
PISTOLEN TRINKEN BIER
PATRONEN LIEBEN ELCHE
DER MOND BLEIBT BIS UM VIER

ZWEI ZWIEBELN ZEUGEN PÄPSTE
EIN JUDE WIRKT VERSTÖRT
DER RATZINGER SPRICHT AMOK
WIRD ZEIT ER WIRD VERHÖRT

MILLIARDENLÖCHER BLEIBEN
EIN ZWEISTEIN ZWEIFELT LAUT
ZWEI EINSTEIN ABER WISSEN
WIR WURDEN DOCH BEKLAUT

ZWEI WODKA SAUFEN AUSWÄRTS
DIE POLEN TRINKEN LINKS
EIN DEUTSCHLAND WIRD BESOFFEN
MIR TUT DAS ALLES NICHTS

EIN STREUSALZ RÄUMT DIE STRASSE
DAS WUNDERAUTO STREIKT
VIER KINDER SPIELEN GLATTEIS
DER WALD IST SEHR VERZWEIGT

VIER PFÄHLE KLEBEN BOCKWURST
ZWEI ZEBRAS STREUEN BLUT
EIN HANDTUCH SPIELT GITARRE
UND ICH HAB' SOLCHE WUT

EDELPILZE

DER MONAT WIRD VERLÄNGERT
KONTAKTLINSEN SPIEL'N KRIEG
DIE TASCHENUHR HAT DURCHFALL
DAS IST'S WAS ÜBRIG BLIEB

GERÜMPEL STEIGT IN GRÄBER
VORAUSGESETZTES SCHWEIGT
ZWEI BRATPFANNEN ZERPLATZEN
DAS SCHLAUE HAT VERGEIGT

DER DIENSTAG GEHT NACH HAUSE
DER MITTWOCH HINTERHER
DER SONNTAG BLEIBT VERSCHWUNDEN
DER MONTAG SAGT NICHTS MEHR

DIE ROLLTREPPE VERLÄUFT SICH
EIN AUGE SCHIELT IM GLAS
 DER WESTERN SPRINGT NACH IRLAND
EIN SALZSTREUER WIRD BLASS

EIN HOLLÄNDER RIECHT BOOTE
DIE SPINNEN LÜGEN LAUT
VERRÜCKTE FISCHE SPRINTEN
DER WHIRLPOOL WIRD VERSAUT

DREI HAARE LIEBEN ELCHE
DAS TELEFONBUCH STÖHNT
DIE RAMPENSAU SINGT WÄSS'RIG
EIN ROTSCHOPF WIRD VERHÖHNT

GEKÖPFTES WIRD VERGESSEN
DER GIBBON WIRD KOPIERT
GESCHISSENENS VERGISST SICH
UND BLUT WIRD INHALLIERT

EIN DEUTSCHLAND SPRINGT DURCHS FENSTER
ZWEI BANKEN LACHEN LAUT
VIEL EITER GEHT DURCH STRASSEN
DIE MENSCHHEIT WIRD BEKLAUT

DER KUGELSCHREIBER FRISST SICH
VIER SCHRÄNKE FALL'N INS KLO
DER DACKEL LACHT DARÜBER
DANN IST ES EBEN SO

IM WEISSWEIN SCHWIMMT EIN TELLER
EIN SCHIFF WIRD AUSRADIERT
VERWELKTE BLÄTTER LÜGEN
DER PAPST HAT SICH BLAMIERT

GEGURGELTES ERHEBT SICH
DIE DROHUNG WEICHT GESCHWIND
BESTRAFTE KINDER SINKEN
ES HÄLT SIE NUR DER WIND

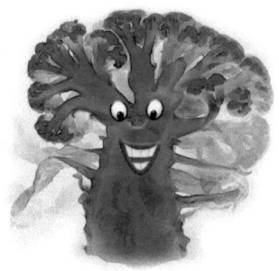

EIN ROSENKOHL HASST BLUMEN
DIE TULPE SCHWIMMT IM BIER
DIE FRIKA HAT 'NE DELLE
DIE HANDSCHRIFT BLEIBT BEI MIR

ZWEI SCHWARZE WITWEN DONNERN
KOMMANDOS WERDEN SCHWACH
DAS HÖREN WIRD VERNICHTET
DIE RÄTSEL WERDEN WACH

ZWEI ROSEN SPIELEN GEIGE
DIE HEXE TANZT DAZU
IN SOSSEN SCHWIMMEN NELKEN
UND FINDEN KEINE RUH'

DIE UNTERSCHRIFT IST OBEN
DIE SCHRAUBEN DREHEN DURCH
DER OBER GEHT NACH UNTEN
EIN KASPER WIRD ZUM LURCH

ZU LAUT GEHÖRTES KICHERT
DAS LEISE SCHREIT INS OHR
GEMÜSE WIRD ZU FALLOBST
UND KACKE FÄLLT INS ROHR

EIN TASCHENRECHNER GÖBELT
BESCHMIERTES WIRD BESUCHT
DIE HEIZUNG WIRD GERODET
EIN DOPPELKORN GESUCHT

EIN DECKWEISS TRIFFT INS SCHWARZE
EIN LILA GEHT BEI ROT
DAS EIGELB HURT IM WASSER
EIN BLAULICHT LACHT SICH TOT

WENN EIN CHINESE HUSTET
UND EIN SACK REIS FÄLLT UM
EIN DOMINOEFFEKT IST
UND PANIK DIE MACHT DUMM

DER BILDERRAHMEN RÖCHELT
DIE POSTKARTE ZERBRICHT
EIN FEUERZEUG SPIELT FUSSBALL
EIN BUS MUSS VOR GERICHT

EIN STEUERSÜNDER MECKERT
DER KINDERSCHÄNDER LACHT
GERECHTIGKEIT IST ANDERS
SIE WIRD AUS DRECK GEMACHT

BEVORZUGTES EILT EINSAM
GESCHNUPFTES WIRD RASIERT
KEIN ÜBERMORGEN WARTET
DAS NEUE WIRD SANIERT

ZWEI LIEBESWORTE SPRINGEN
GELOBTES WIRD RADIERT
EIN MÄRCHENBUCH LERNT RUSSISCH
DER EISBÄR WIRD FRISIERT

DIE FERNSEHZEITUNG ZÖGERT
GEMEINES WIRD FRITTIERT
EIN SCHNUPFEN GEHT VORÜBER
DER HUSTEN ABER FRIERT

VORHERGESAGTES STOLPERT
EIN BAUM DREHT SICH IM KREIS
DIE KLOSTERSCHULE SABBERT
EIN ROTER TISCH WIRD WEISS

DIE TELEFONE SCHMELZEN
ZWEI OHREN STEH'N IM WIND
DAS UNTEN OBEN ESSEN
DAS WEISS DOCH JEDES KIND

BALLETTSCHUH' DIE SPIEL'N HALMA
DREI REHE LIEBER SCHACH
MONOPOLY DIE BANKEN
DAS MACHT IHN'N KEINER NACH

EIN AUTOSCHLÜSSEL TRAUERT
ZWEI TEPPICHE VERGEH'N
DER WECKER FRISST 'NE BRATWURST
DIE LEICHE DIE BLEIBT STEHN

FÜNF SOCKEN DISKUTIEREN
DER STEIN WIRD ÜBERHOLT
BELEGTE BROTE SINGEN
EIN STROHHALM WIRD VERSOHLT

DIE WÜRFEL FALLEN GRAUSAM
EIN LKW SCHNAPPT LUFT
DER REGENSCHIRM SPEIT EITER
EIN BUCH SPRINGT IN DIE GRUFT

GEFEIERTES SPRICHT GESTERN
EIN KOMMA WILL NACH HAUS
DIE FLEDERMAUS WILL TÖTEN
EIN HERZ REISST SICH HERAUS

MEIN TISCH TRINKT GERNE COLA
DER SPERLING SCHWIMMT NACH MAINZ
MEIN PFERD WIRD GRAD VERPRÜGELT
UND GELD, DAS HAB' ICH KEINS

EIN SCHOKO-EIS VERBRENNT SICH
DER BLAUWAL SCHMEISST MIT SAND
EIN LIEBESLIED FRISST SCHMALZBROT
DAS AUGE WIRD VERBRANNT

EIN GELBER SACK ERHÄNGT SICH
VIER EIER STEHEN STILL
EIN DACKEL WIRD GEFALTET
ICH TUE WAS ICH WILL

VERLIEBTE KÜCHEN SPIELEN
EIN BUCH ZERREISST DEN WALD
DREI TOTE KOCHEN WEISSKOHL
DIE SONNE TRINKT UNS BALD

DER ZUFALL SPIELT VERSTECKEN
DIE FISCHE EXPLODIER'N
EIN HANDBALL SPUCKT VANILLE
DIE TULPEN WOLL'N MARSCHIER'N

EIN NAGEL SCHIELT NACH SÜDEN
EIN GESTERN SPRINGT INS BILD
VERLASS'NE WALE BETEN
ZWEI KRIEGE SCHMECKEN MILD

DER KUHSTALL SPRINGT ZUR SEITE
EIN OHR RUFT VOM BALKON
DER SCHWEISS KOMMT AUS DEM KÜHLSCHRANK
EIN GRABSTEIN EILT DAVON

EIN ZAHNARZT DER RAUCHT ERBSEN
DER MÄRZ VERSINKT IM MAI
DER BLUMENKOHL ERSTICHT SICH
DAS HERZ ES STINKT NACH BLEI

DIE FREUNDSCHAFT SCHWEIGT BESCHEIDEN
DER HASS EIN LIEDCHEN SINGT
DIE TOLERANZ STIRBT LEISE
DIE WELT LANGSAM VERSINKT.

DER MOTOR IST AM STOTTERN
DIE KARRE BLEIBT BALD STEH"N
DIE WAHL IST LÄNGST GEGESSEN
VERSPRECHEN DIE VERGEHN

DIE AMPEL SPIELT GEWITTER
DIE HECKE KLAUT DEN BALL
EIN AAL SPRICHT RÜCKWÄRTS ENGLISCH
DAS ZEBRA RIECHT DEN SCHALL

DER FRIEDHOFSGÄRTNER NADELT
EIN HAI STICHT IN EIN BUCH
VERRÜCKTE ÄSTE TRINKEN
UND SALZ BEKOMMT BESUCH

EPI LOG

...UND ICH SCHRIE DIE WAHRHEIT

ICH DANKE JEDEM LESER
FÜR'S LACHEN KICHERN UND...

...NACHDENKEN

Blues & Krautrock:

Mad Murphy's Thirsty Dogs – Rock Experience | Bremen

Mad Murphy's Thirsty Dogs, die Band von Uwe Jakoby (Dog Wood), gegründet 2017 zusammen mit Stefan Köster (Slide / Dog Mc Coy), Michael Schuster (Dog Basset) bringen sie Bremen und dem Universum den Krautrock mit feuchten Nasen zurück. Wenig später gesellten sich Petra Schober (Jeanne Dog und Markus Brühl (Dog Trombone) dazu, noch später zahlreiche Gasthunde.

Im wörldwideweb unter: **thirstydogs.rocks**

Mehr Bücher:

Rolling Stoned | Cannabis – Geschichten für Gelegenheiten

Hat der Mensch ein Recht auf Rausch? Was geschah am 28.10.1940 in Athen? Wann und wo haben sich die Rolling Stones gegründet? Antworten auf diese und weitere Fragen geben diese kurzweiligen, illustrierten Geschichten, in denen der Marihuana- und Haschischkonsum eine gewisse Rolle spielt! Von Michael Mitrovic mit Illustrationen von Michael Schuster

Verlag: BoD – Books on Demand, Norderstedt, ISBN: 978-3-7528-0465-2